# FRUGAL

Primeira edição

ISBN 978-1-926716-72-5

*Um registo de catálogo CIP para este livro está disponível na Library and Archives Canada, Library of Congress dos E.U.A e/ou na Biblioteca Nacional de Portugal.*

# FRUGAL

Fernando Mendes de Sousa

Como vibrante flecha projectada de um retesado arco, assim ressoa um livro nas mãos dos leitores. Cada um, vivendo perigosamente na esteira da paz, aplicará a sua própria tensão física e espiritual para alcançar um inspirado alvo. Que seja este, então, um livro sagitário no almejo de um intento.

*Imagem: "Diana Cazadora" (México)*

# CONTEÚDO

# AFORISMOS

## DE

# NEMÓCRATES

### ∾ 1 ∾

Se confiares nos teus instintos, afastas as incertezas.

### ∾ 2 ∾

A mentira é assustadoramente necessária à vida; precisamos dela para triunfar na cruel e capciosa realidade.

### ∾ 3 ∾

A apropriação das coisas é um desejo de domínio que leva ao processo da sua concepção, segundo os interesses próprios.

### ∾ 4 ∾

Com um extremoso comando e liberdade obtém-se uma obediência perfeita.

### ∾ 5 ∾

Uma inteligência imprecisa simplifica o mundo favorecendo a espécie.

∞ 6 ∞

O objectivo da Humanidade não é a felicidade; é a criação e a superação.

∞ 7 ∞

Tendo glória e depreciando-a, maior se torna.

∞ 8 ∞

Sem os sentidos fortalecidos, a espiritualidade enfraquece.

∞ 9 ∞

Viver sem profundidade reduz profundamente a espontaneidade no que se faz.

∞ 10 ∞

A escrita é um alívio para não sermos totalmente sinceros e escrupulosos.

∞ 11 ∞

Humanização representa-se com alegria e vigor.

∾ 12 ∾

Quando nos pomos a nós próprios em causa, descobrimos um novo mundo.

∾ 13 ∾

A propaganda é um desejo de mais parecer do que ser.

∾ 14 ∾

O respeito é uma prova de integridade intelectual. É a aceitação da relatividade dos valores.

∾ 15 ∾

A seriedade excessiva tira o brilho a tudo.

∾ 16 ∾

O prazer não é o contrário da dor; ele necessita previamente, para ser despertado, de pequenas sensações dolorosas.

∾ 17 ∾

A nobreza de carácter dispensa homenagens.

∞ 18 ∞

Cuidado com a ambição do elogio...(Aos elogiados)

∞ 19 ∞

Viver - agir voluntariamente.

∞ 20 ∞

A excentricidade é debilidade nervosa que quer passar por superioridade.

∞ 21 ∞

O verdadeiro livre-arbítrio é a realização da vontade de criar o que nos supera.

∞ 22 ∞

A religião é uma prescrição de acção e não de crença.

∞ 23 ∞

A verdade é dispensada pela fé.

∞ 24 ∞

A irrefutabilidade de uma hipótese não faz uma razão verdadeira; a lógica tem os seus limites.

∞ 25 ∞

Quanto mais se deseja uma coisa mais valor se lhe atribui.

∞ 26 ∞

A Igreja tem a obrigação de considerar as pessoas como fonte de valores.

∞ 27 ∞

Querendo distinção, não pode querer igualdade.

∞ 28 ∞

Para que é que se dá atributos à Divindade Suprema? Ela não precisa, tudo resulta Dela...

∞ 29 ∞

O Homem é a medida das suas necessidades.

∞ 30 ∞

Quando não encontramos o que queremos, ou o negamos ou temos que criá-lo.

∞ 31 ∞

A convicção num ideal pode impressionar mas não o torna verdadeiro.

∞ 32 ∞

Vive como gostarias de reviver constantemente.

∞ 33 ∞

Nada incomoda tanto os instintos gregários como a soberania individual.

∞ 34 ∞

A dialéctica ridiculariza quem a usa.

∞ 35 ∞

Num grande desígnio, tudo é engrandecido.

## ∞ 36 ∞

O artista que sobrestima a sua obra, subestima-se a si próprio.

## ∞ 36 ∞

A inquietude interior desenvolve maior produtividade.

## ∞ 37 ∞

A excepção deve defender a regra e preservar a ousadia da mediocridade.

## ∞ 38 ∞

O ser humano, consoante o seu mais forte instinto, procura o que lhe dá mais liberdade para agir.

## ∞ 39 ∞

Para compreender plenamente alguém é necessário partilhar a mesma paixão.

∞ 40 ∞

É superficial pensar no bem-estar encarado como um fim.

∞ 41 ∞

Para crescer em valor é preciso diminuir em número.

∞ 42 ∞

A distinção requer uma forma de viver absolutamente pessoal.

∞ 43 ∞

Quando a mediocridade conduz os critérios de valor a mentalidade enfraquece.

∞ 44 ∞

A riqueza de um indivíduo é a de não ter vergonha por se sentir diferente.

∾ 45 ∽

O labor torna-se absurdo com uma insuficiente direcção.

∾ 46 ∽

A satisfação está no acto e não no resultado.

∾ 47 ∽

Quanto maior a responsabilidade maior o orgulho.

∾ 48 ∽

Desenvolve primeiramente o corpo e depois o pensamento.

∾ 49 ∽

Aqueles que esperam por adulações querem ter fé em si.

∾ 50 ∽

Se dependesse da regra, a excepção nunca existiria.

∞ 51 ∞

A independência da excepção é um sucesso extraordinário.

∞ 52 ∞

A aparência é um revestimento arbitrário que com o tempo se torna essência.

∞ 53 ∞

A ignorância é necessária para o ser vivo prosperar.

∞ 54 ∞

A essência é concebida ficticiamente como uma réplica da aparência.

∞ 55 ∞

Nós somos a representação daquilo que ficcionamos.

∞ 56 ∞

Não generalizemos! Só se aprende particularmente.

∞ 57 ∞

A qualidade de investigação é demonstrada tornando novo o antigo.

∞ 59 ∞

A honestidade não é apresentada com argumentos.

∞ 60 ∞

Precisamos da confiança de não trabalhar em vão.

∞ 61 ∞

Universo – eterna metamorfose da matéria.

∞ 62 ∞

As excepções enfraquecem perante a organizada indignidade gregária.

∞ 63 ∞

A consciência é um meio de transmissão de perspectivas que se desenvolve no relacionamento com o mundo exterior.

∞ 64 ∞

Lógica – simplificadas ficções regulativas.

∞ 65 ∞

Encontra-se nas coisas o que se pôs nelas.

∞ 66 ∞

Não confundir qualidades com meios e estados.

∞ 67 ∞

A maioria diminui a qualidade em proveito do maior número.

∞ 68 ∞

Por falta de instinto político, o Estado é fonte de enriquecimento de conglomerados.

∞ 69 ∞

Se a Existência tivesse um único sentido e fim, já o teria alcançado.

∞ 70 ∞

Os mais fortes são aqueles que têm índole para suportar com altivez a extrema infelicidade.

∞ 71 ∞

A regra tiraniza a excepção.

∞ 72 ∞

Quando a modéstia é abandonada, as necessidades são empoladas.

∞ 73 ∞

Debaixo de fogo, somos todos iguais.

∞ 74 ∞

Quem despreza o corpo ignora as suas revelações.

∞ 75 ∞

A dor é um excesso de estímulo.

∞ 76 ∞

A contenção é a melhor defesa contra a decadência.

∞ 77 ∞

O valor do alimento não está no gosto.

∞ 78 ∞

As virtudes impessoais não são condição de crescimento individual.

∞ 79 ∞

As paixões representam o que de melhor temos; coloquemo-nos ao seu serviço e vice-versa.

∞ 80 ∞

Uma pessoa é o que pensa de si.

∞ 81 ∞

A grandeza implica independência.

### ∞ 82 ∞

Quando se descreve uma paixão é porque ela terminou.

### ∞ 83 ∞

A verdadeira arte coloca-se acima das paixões.

### ∞ 84 ∞

Uma obra de arte é apreciável pelo facto de "encher o olho" e não por aquilo que supostamente exprime.

### ∞ 85 ∞

Na presença da beleza retemperamo-nos.

### ∞ 86 ∞

O extraordinário não é convencional.

### ∞ 87 ∞

A refutação de um juízo não suprime a necessidade de o aceitar como condição existencial.

∞ 88 ∞

O que tem valor não pode ser pago.

∞ 89 ∞

Quem não pretende ser único tem menos valor pessoal.

∞ 90 ∞

O que mais apreciamos é a ilusão de um mundo representado subjectivamente.

∞ 91 ∞

A ironia evita censuras morais.

∞ 92 ∞

Isoladamente, tudo é falso; somado, tudo é verdadeiro.

∞ 93 ∞

Quem é determinante não procura obter consideração por parte dos determinados.

∞ 94 ∞

Quem quiser julgar, que julgue a obra e não o autor.

∞ 95 ∞

O Homem, no seu carácter divino, admira o que criou.

∞ 96 ∞

Dar meios para uma máxima retribuição.

∞ 97 ∞

É o sangue que enobrece o espírito.

∞ 98 ∞

A magnanimidade não receia opiniões; está inacessível à lisonja e à calúnia.

∞ 99 ∞

As paixões regulares, e até simultâneas, repõem a saúde.

∞ 100 ∞

O conforto é a felicidade da maioria.

∞ 101 ∞

É necessário aprender a comandar e a obedecer altivamente.

∞ 102 ∞

Condenam o egoísmo... mas procuram servos.

∞ 103 ∞

Para os grandes, a vida é uma trágica consolação.

∞ 104 ∞

A cultura transformou-se em mera utilidade momentânea.

∞ 105 ∞

Boa escola é a que exige o excepcional como normal.

∞ 106 ∞

A vulgaridade não procura destacar-se.

∞ 107 ∞

Nobre é quem compensa o que aceita.

∞ 108 ∞

Verdade – mentira canonicamente estabelecida.

∞ 109 ∞

A realidade é a repetição contínua da ilusão.

∞ 110 ∞

Louva-se o altruísmo para se beneficiar dele.

∞ 111 ∞

A consciência forma-se pelos erros.

∞ 112 ∞

Quando se quer persuadir, usa-se a moral como
a maior forma de sedução.

∞ 113 ∞

Em vez de invejares uma pessoa torna-te amigo dela.

∞ 114 ∞

A actualidade da obra não permite revelar o seu brilho profundo.

∞ 115 ∞

A resignação surge quando se está cansado.

∞ 116 ∞

A amizade genuína facilita, quando necessário, o rompimento entre amigos; provoca-o responsavelmente.

∞ 117 ∞

Cuidado com as simpatias que encobrem injustiças.

∞ 118 ∞

É fácil ter uma boa opinião quando se está longe.

∽ 119 ∾

Para haver conciliação é necessário tapar os ouvidos.

∽ 120 ∾

Quem ama, dissimula subtil e ternamente a quem se entrega.

∽ 121 ∾

A grandeza heróica é impiedosa para consigo própria e indiferente para com a opinião alheia.

∽ 122 ∾

A sociabilidade é o desgosto do que se é; necessidade de esquecer-se a si próprio.

∽ 123 ∾

A moral e religião têm origem no prazer da dor.

∽ 124 ∾

O que está em cima não espera por justiça do que está em baixo.

∞ 125 ∞

A lisonja quer sentar-se ao lado da condescendência.

∞ 126 ∞

O conquistador tem de estar preparado para as seduções pusilânimes.

∞ 127 ∞

O amor é um instante vitorioso que não se prende à vida.

∞ 128 ∞

A morte valida a Existência; extingue a vontade e a paixão; livra da vida a luta e o sofrimento.

∞ 129 ∞

Adora-se para se receber.

∞ 130 ∞

A fortitude dispensa estímulos.

∞ 131 ∞

A modernidade refugia-se nos objectos.

∞ 132 ∞

A lei enfraquece o instinto.

∞ 133 ∞

O ideal é veneno indispensável como remédio para o real.

∞ 134 ∞

Respeitar a natureza é reconhecer uma moral natural.

∞ 135 ∞

Se atingíssemos a plenitude divina, menosprezaríamos a vida.

∞ 136 ∞

Os objectivos pessoais limitam a compreensão dos conteúdos.

∞ 137 ∞

A melhor forma de compreender o mundo é o calmo trabalho.

∞ 138 ∞

A boa disposição produz sempre algo de bom no que se faz.

∞ 139 ∞

O artista deve fazer as coisas conforme a sua inspiração e não por encomenda.

∞ 140 ∞

Saber avaliar é ter uma bitola que surge com a observação do que há de melhor.

∞ 141 ∞

A condição para surgir o talento é sempre a propensão natural.

∽ 142 ∾

Quando a qualidade é inata o conhecimento é antecipado, ou seja, não é necessária muita experiência.

∽ 143 ∾

No amor a loucura é mais amada do que a inteligência.

∽ 144 ∾

Quem quiser a aprovação do público não pode afastar-se da tendência geral.

∽ 145 ∾

O erro é adorado quando se pode viver à custa dele.

∽ 146 ∾

Aqueles que procuram ter a importância que não lhes cabe, estão dispostos a extinguir a excelência.

∽ 147 ∽

Aparência de ser, intrinsecamente, nada é.

∽ 148 ∽

A magnificência é insuportável para quem não a compreende, por isso é depreciada.

∽ 149 ∽

A imaginação serve para criar problemas estimulantes à razão.

∽ 150 ∽

Fazer algo de elevado é aumentar os horizontes da Natureza.

∽ 151 ∽

A imortalidade exige trabalho incessante até à morte corpórea.

∽ 152 ∽

Que força de vontade é esta, que activa o corpo e afasta as influências danosas?

∾ 153 ∾

Quando se evita a verdade individual, cai-se na banalidade.

∾ 154 ∾

A ingenuidade com que a pessoa usa as suas qualidades permite que estas progridam.

∾ 155 ∾

Quando se tem a ideia de procurar o absoluto, sacrifica-se tudo à sua realização.

∾ 156 ∾

Cada vez mais se reconhece menos – os mestres.

∾ 157 ∾

A vaidade esconde o original.

∾ 158 ∾

O poder demoníaco é quase irresistível, especialmente para as mulheres.

∾ 159 ∾

Elogiam a mediocridade depreciando o que não conseguem fazer.

∾ 160 ∾

Prometer um sentimento é persistir na aparência da sua manifestação.

∾ 161 ∾

O feitiço gramatical condiciona a interpretação do mundo.

∾ 162 ∾

Quanto mais profundo mais mascarado.

∾ 163 ∾

A tentativa de ser tentador é uma tentação.

∾ 164 ∾

Para se gozar a vida, conserva-se a ignorância.

∞ 165 ∞

O prazer do artista é sublimar a vida falseando-a vingativamente.

∞ 166 ∞

A celebração de atributos diminui a grandeza destes.

∞ 167 ∞

Tira prazer do silêncio o coração destruído pela paixão.

∞ 168 ∞

Coloca o teu próprio selo em tudo o que fazes.

∞ 169 ∞

Procuram triunfar difamando.

∞ 170 ∞

Quando se quer criar algo de valor não se pode avaliar utilitariamente.

∾ 171 ∾

O artista exercita-se na aparência para acrescentar realidade à vida.

∾ 172 ∾

Quem não tem conhecimento do seu próprio desígnio, não encontra sentido na reprovação.

∾ 173 ∾

Quando a inferioridade ganha preponderância, o que é elevado perde importância.

∾ 174 ∾

A verdade implica não renunciar à sua inconveniência.

∾ 175 ∾

Assumir responsabilidade é atribuir-se o direito de impor deveres a si próprio.

∞ 176 ∞

Cria o teu próprio ideal... a não ser que te desprezes seguindo o ideal de outrem.

∞ 177 ∞

Não se chega ao mais alto de si próprio sem antes alcançar o mais profundo de si mesmo.

∞ 178 ∞

A poesia faz do particular uma causa geral.

∞ 179 ∞

"Ser ou não ser, eis a questão." Ter ou não ter, eis a resposta - Ser é ter.

∞ 180 ∞

Incondicional? Sem condições nada existe.

# FRUGAL

# FRAGMENTOS
# ÂNTUMOS

*("quidlibet audendi potestas", Horácio)*

# ESPÍRITO NATALINO

Sussurrava calmamente
O vento p'la chaminé,
Como se num sopro quente
Reavivasse a minha mente
Em propósito de fé.

Abeirando-me do lume,
Na silente noite fria,
Sobreveio um tal perfume
Afastando esse negrume
Da triste melancolia.

Inebriado e resignado,
Pendi num sono profundo
Com o corpo dominado
Pelo torpor do passado
Que me acompanha iracundo.

Em tal estado sombrio
Um sonho me circundou,
Convertendo num estio
Aquele momento frio
Que no meu corpo pousou.


Uma brisa sibilante,
Da ruborizada aurora,
Embatia no meu semblante
Como beijo chamejante,
O qual se soltara outrora.


Tudo se tornava claro
À luz deste amanhecer;
Em tal sentimento raro,
Redentoramente caro,
De um ardente renascer.

Eu senti-me nas alturas:
"Ó divina e terna voz!
Que dissipas tais agruras
E discretamente curas
O mais enfermo de nós."


"Ó singular natureza!
Que muito anseia o devir;
Num encanto de beleza,
Lança bênção à franqueza
De uma criança a sorrir."


Eis a graça natalina –
Espírito dadivoso –
Bendita é a sua doutrina,
Que tudo dá e culmina
Em cântico luminoso.

"Ó singela companhia!
Como prezo por te ter;
E deveras gostaria,
Quiçá num ventoso dia,
Junto de ti perecer."


Ouço o repicar do sino
No subir e no descer,
Mesmo que em tal desatino
Quer assim o meu destino
Que passa sem se deter.

# ESPERANDO TÂNATO

Dirigindo-se para mim na escuridão
Como um assombro fulminante do profundo,
Vem a luz crepuscular em perseguição—
Flecha lançada daquele férvido mundo—
Por oculto tormento do meu coração;
Que assim, sentindo a longa dor da solidão,
Prò Estige vai vagueando moribundo.

Neste periclitante momento sem cor,
Eterno encontro do passado e do futuro,
Resignado aguardo este meu perseguidor;
Mesmo que o meu destino seja muito duro
Encaro Tânato sem mágoa, sem temor,
Redimido pois num irracional amor,
Abençoado por retornamento seguro.

Ressoa na minha memória um eco fatal,
Um murmúrio que passa numa imensidão,
Contemplando em mim a marca da dor mortal
Nestas lágrimas que inundam a minha mão,
Enxugo os meus olhos num alívio total
Como quem emerge dum turbilhão mental,
Livre das correntes da profunda prisão.


Queira então este meu lúgubre convidado,
Em seu silencioso modo, comparecer…
Neste breve momento p`ra si consagrado,
E assim conferir seu libertador poder.
Já sinto o sono de quem está sazonado,
Quem p'ra ir à pira se sente preparado,
Desejando levemente desfalecer.

Ó bendito silêncio que me cerca agora
Abatendo-se sobre meu álgido leito,
Onde certo rumor se extingue sem demora
E o pesado trevor se apresenta a preceito.
Acato melancolicamente tal hora
Em que todas as flores colhidas outrora
Fundir-se-ão lividamente no meu peito.


Cambaleando numa subtil inquietação,
Assim me vejo de uma amarga morte perto,
Com o bordão da trágica consolação
Enveredo na soledade do deserto.
Meu desejo é, pois, nada saber de antemão
E num último sonho ver a salvação,
Já que no fim da vida bate tudo certo.

# MARCHA CANTANTE

Somos quem segue a voz do coração
Cantamos a harmonia da amizade
Tocamos melodias de condão
Dançamos no enlevo da mocidade
Andamos no arroubo da paixão
Vivendo no eflúvio da eternidade

Exaltamos a devoção
Exultamos na emoção
A aurora que desperta em todos nós

Com a arte dos sons
Com o impulso musical
A musicalidade em cada um

I
Suspira a criança
No colo da mãe
O filho sorri
Nos ombros do pai
Vamos cantar


II
Comanda a batuta
Na marcha cantante
Traçando caminho
Em som retumbante
Vamos tocar


III
Ao brilho da lua
Ao calor do sol
Vontade que actua
Sem medo do mal
Vamos dançar

## IV

Nas asas do vento
Nas ondas do mar
Passando tormento
Com ânsia de dar
Um mundo melhor

## V

Ao novo, futuro
Ao velho, repouso
Em porto seguro
O feito ditoso
Vamos cantar

## VI

Da fonte manante
Eufonia que sai
Pela nobre gente
A voz do poeta
Na lira cai

# CANTOCHÁO

## "CANTATE CHRISTUM"

Agradecimento ao pianista Fernando Cruz pela transcrição musical.

AUDITE CHRISTUM, IN JUBILO
CANTATE CHRISTUM, CUM GAUDIO $\big\}$ Chorus
CLAMANS DEVOTE, IN SINCERO
ALLELUJA, ALLELUJA

DOMINUS EVANGELLI
MORTUUS EST UT VIXIT
SIGNUM CRUCIS OSTENDIT
AMOR PRO NOBIS HABUIT

(CHORUS)

NON EST TEMPUS VEL SPATIUM
IN REGNUM CORDIS
IN USU SUI GRADUS
IBI VIVIT REDEMPTIO

(CHORUS)

AMANDUM AD PLENAM
IN FRONTE INSANIS MUNDI
SCIENTES QUOD PULCHRITUDO
EST ATRIBUTUM PAUCORUM HOMINUM

(CHORUS)

*Tradução:*

ESCUTAI CRISTO, EM JÚBILO
CANTAI A CRISTO, COM GÁUDIO
CLAMANDO EM DEVOÇÃO, SINCERAMENTE  } Refrão
ALELUIA, ALELUIA

O MESTRE DA BOA NOVA
MORREU TAL COMO VIVERA
O SINAL DA CRUZ COMPROVA
TAL AMOR QUE NOS TIVERA

(REFRÃO)

NÃO HÁ TEMPO NEM ESPAÇO
NO REINO DO CORAÇÃO
NA PRÁTICA DO SEU PASSO
ALI VIVE A REDENÇÃO

(REFRÃO)

AMANDO NA PLENITUDE
PERANTE UM MUNDO DE LOUCOS
SABENDO QUE A PULCRITUDE
É ATRIBUTO DE POUCOS

(REFRÃO)

# TROV(O)ANDO

Eu sou como negra luz
Percorrendo atrás de ti,
Não sabes se é espectro,
Sombra permeando aqui.

Sem teu leve pensamento
Não consigo te alcançar;
Podes pensar em fugir
Mas sei sempre o teu lugar.

Em teu espírito e mente
Lá encontras a beleza;
Não encares o destino
Em perplexa incerteza.

Eu sou teu perseguidor,
Teu longo tormento oculto;
Nunca mires para trás,
Se procuras o teu vulto.

Tu sentes uma prisão
E esperas por certa sorte;
Não tens um dado poder,
Talvez te surja na morte.

No livre mundo dos sonhos
Procura sempre o que é teu;
Se não quiseres voltar,
Chama apenas por Morfeu.

Pensando na realidade
Vão surgindo percepções;
Tu começas a julgar
Mas crescem as objecções.

A força que tu não vês,
Motiva-te a reflexão;
Com a base no profundo
Encontra a direcção.

Caminhando pela noite –
Tu! Constelação de luz –
A magia em movimento,
Onda que tanto seduz.

Tu sentes a solidão
Tal como ser deslocado;
O santo olha para ti,
Ele anseia por pecado.

Escutando o som do mar
E correndo com o vento,
Procura então o teu brilho
Em tão válido momento.

Tal beleza… Tal poder…
Vês sempre o que queres ver;
O espelho que te reflecte
Talvez te vá distorcer.

Quando algo te faz sonhar,
Obedece ao coração,
Responde então ao convite
Usando imaginação.

Colocando na distância
Os teus olhos mui brilhantes,
Acharás uma tal ordem
Em seus delírios brotantes.

Arte que em ti se reflecte
Num mar de criatividade –
Um esplendor de visões
Em nova mentalidade.

Buscando imortalidade,
No mais arraigado fundo,
Abraçarás perdição
Nas caves dum outro mundo.

Tu que pairas no destino,
Num mundo sem claridade;
Só, meditas no escuro
A gélida realidade.

Viajas assim pelo tempo
Com olhos atormentados,
Lutando pois com demónios
Por receios já passados.

Tu percorres as montanhas
Por locais desconhecidos,
Visas alto firmamento –
O fruto dos teus sentidos.

Tu és a fonte de luz,
Um planeta em rotação;
Um cósmico sonhador
Em lunar gravitação.

Vagueando pelo mundo
Como ser inconsciente;
És mártir sem uma causa,
Numa revolta frequente.

Invisível mutação,
Para ti reacção gloriosa,
Um espírito que aguça
A condição poderosa.

Sai do teu curto elemento
E vai na longa excursão,
Saudando qualquer estranho
E entregando a meiga mão.

É tempo de conquistares
O teu segredo maior;
Esperando está a besta
Pelo teu golpe melhor.

Impelir-te-ei ao vento,
Na voz do céu e do mar,
Provocarás alarido
Como bebé a chorar.

Corre já para o teu sol!
Nada mais em ti te resta…
A salvação ofertada
Foi provada que não presta.

Dardejando para a meta,
Arremesso ao teu pudor
A minha cúpida seta
P`ra te livrar do temor.

Sempre que ouves o trovão,
Teu coração longe freme;
Sonda tal palpitação
Como alguém que nada teme.

# DITAMES

## DESPRENDIMENTO
Esquecendo as perdas irreparáveis.

## PROTECÇÃO
Construindo aliança e dissipando inveja.

## ABERTURA
Descobrindo algo de novo a cada dia.

## ENERGIA
Seguindo a fluência da beleza inspiradora.

## ASCENÇÃO
Ousando aflorar o impulso de elevação.

## CONSCIÊNCIA
Consagrando o coração ao pensamento.

## IMPERMANÊNCIA
Desfrutando da engrenagem da mutação.

## RELAÇÃO
Aprendendo com os caprichos do acaso.

## FOCO
Fixando o discernimento no estímulo dos
sentidos.

## ALINHAMENTO
Executando o que se afirma.

## FANTASIA
Seleccionando arduamente ilusões acumuladas.

## TRANSPARÊNCIA
Extravasando a iluminação interior.

## CONCENTRAÇÃO
Trabalhando em silenciosa maturidade.

## ORIGEM
Simbolizando em êxtase a harmonia dos mundos.

## ESCURIDÃO
Buscando o perdão no fundo de si mesmo.

## FUSÃO
Acrescentando um raio de sol às experiências vividas.

## FELICIDADE
Dando livre curso aos jogos da paixão.

## AMOR
Oferecendo o que se tem de melhor.

## SABEDORIA
Bebendo na própria fonte de experiência.

## INSPIRAÇÃO
Executando sem hesitar a mestria alcançada.

## INICIAÇÃO
Ultrapassando temores supersticiosos.

## IDENTIDADE
Determinando a impressão em conformidade
com a aparência.

## PUREZA
Efabulando a essência do sonho.

## MISSÃO
Aperfeiçoando o dom natural.

## DESCOBERTA
Indagando a natureza como reino da liberdade.

## VIGOR
Fundamentando em palavras e gestos a
verticalidade.

## ESPLENDOR
Honrando a companhia celestial.

## CURA
Restituindo o ânimo suprimindo os maus
pensamentos.

## EXPANSÃO
Representando a imortalidade do movimento.

## RENOVAÇÃO
Pensando em modificar os hábitos negligentes.

## REVELAÇÂO
Antecipando o que há-de vir.

## ACOLHIMENTO
Amparando o peso das lágrimas invisíveis.

## ASPIRAÇÂO
Fazendo acreditar na mágica improvisação.

## EQUILÍBRIO
Compensando a falta com a doçura da palavra.

ANUNCIAÇÃO
Absorvendo o espírito pela prece.

CONFIANÇA
Caminhando na rectidão.

MOVIMENTO
Motivando desígnios por toda a parte.

DEPURAÇÃO
Resgatando a alma pelo arrependimento.

CRESCIMENTO
Apoiando-se no fundamento do justo.

PAZ
Revelando a essência de um carácter melódico.

UNIÃO
Dirigindo a intenção na via da harmonia.

LIBERTAÇÃO
Deixando para trás as amarras do passado.

ESPERANÇA
Amando a existência como possibilidade de
grandeza.

TRANSFORMAÇÃO
Suscitando interesse pela vivacidade.

DEVOÇÃO
Empregando o tempo no encalço da verdade.

DESPERTAR
Desobstruindo a luz da fé.

VISÃO
Ilustrando coloridas alegorias.

INTUIÇÃO
Reflectindo a verosimilhança mística.

PODER
Invocando a presença divina.

CRIAÇÃO
Patenteando a glória da vontade.

SENSIBILIDADE
Ajuizando com a moderação do sentimento.

COMPAIXÃO
Atenuando o sofrimento com habilidade
compassiva.

ELEVAÇÃO
Contemplando para lá dos sentidos, à luz da
imaginação operante.

HARMONIA
Procurando ver a correlação das coisas.

ACÇÃO
Decidindo alegremente suprimir a objecção.

## PAIXÃO
Conferindo à sua duração um compromisso
responsável.

## DEFESA
Acreditando na legitimidade do seu próprio
direito

## PERDÃO
Sobrepondo à memória a nobreza da alma.

## PURIFICAÇÃO
Realizando necessariamente trabalhos
desacreditados.

## CONFUSÃO
Mantendo-se na obscuridade em demanda por
uma solução justa.

## MAGIA
Agindo como um espírito sonhador que
sedutoramente agita a ciência.

## SERENIDADE
Encontrando no comedimento a acalmia do
espírito.

## CONEXÃO
Abraçando com ternura a ressonância do vácuo.

## ALEGRIA
Abrilhantando a boa disposição.

## CONFLITO
Promovendo um espírito conciliador com o
adversário.

## CORAGEM
Marchando em sacrifício do ego.

## REPOUSO
Reencontrando constantemente a frescura da
manhã.

## ANCESTRALIDADE
Tranquilizando com a voz que ressoa verazmente.

## LEALDADE
Progredindo na verdadeira dignidade para
consigo mesmo.

## GENTILEZA
Reconciliando a manifesta hostilidade.

## SAUDADE
Requestando na memória a presença de um pra-
zer que se ausentou; e pelo qual, em ciciante dor,
suspira o pesado coração—flor que se curva pelo
perfume perdido.

# UNICÓRNIO

Livremente haurindo a essência sidérea, assim sou eu!

Gosto da maviosa nota que toca o meu solitário coração –

Dourado sino que me fala secretamente.

Canto a felicidade de todas as coisas amorosamente enlaçadas.

Falo da sabedoria que me chega em sonhos,

Como um vento que soluça e geme na profunda noite:

"Procurai apoderar-vos do perfume sempiterno."

Que vos parece, serei eu esse perfume?

Vós, meus amigos e inimigos, escusais de me procurar;

Pois não sou divino nem profano.

Apenas interpreto sonhos,

Consolando a dor e partilhando a alegria.

Eis-me então correndo alegremente para vós, ternos corações,

Com o meu açucarado corno raiado de ouro.

Oh! Como me apraz construir arco-íris–

Pontes pintalgadas de lágrimas celestes!

Vinde! Vinde! Galopemos para o nosso objectivo.

Quanto mais nos aproximarmos...

Melhor dançaremos!

E já se ouve o som da doce lira...

Pudéssemos nós saciar a avidez do Tempo com a abundância da nossa Vontade… Porém, até à angústia da última Ceifa, continuaremos esperançosamente seguindo o augúrio que pelo Espaço ecoa… como inaudita melodia em sonho recorrente. E assim incessantemente, procurando sentido na senda do Devir e adiando o triunfo da Morte, se esvai a Vida e a Beleza como uma consagração ao Amor—e, conquanto seja desígnio da Natureza ou essência do Instinto, se por amor se pecar, que seja por excesso e não por defeito.

Aguardemos, pois, em transbordante Existência, a chegada da Monda—e que esta seja feita com gadanhas bem afiadas… sem apelo nem agravo.

*Imagem: Victória, Jano, Cronos, e Gaia, 1532-34, Giulio Romano*